Bunte Freude LEBEN

Poesie des Seins
von
Fabijenna Lord

FSC
www.fsc.org
MIX
Papier aus ver-
antwortungsvollen
Quellen
Paper from
responsible sources
FSC® C105338

Herstellung und Verlag
Books on Demand GmbH, Norderstedt
ISBN: 9783752669480

Bibliografische Information der Deutschen Nationalbibli-
othek: Die Deutsche Nationalbibliothek verzeichnet diese
Publikation in der Deutschen Nationalbibliografie;
detaillierte bibliografische Daten sind im Internet über
dnb.dnb.de abrufbar.

Gewidmet allen Herzensmenschen!

Bunte Freude LEBEN
schenkt Dir besondere Momente
der Freude, der Innenschau,
des Dich Erinnerns.
Und jedes der Gedichte ist
Dir gewidmet und es obliegt Dir
lieber Herzensmensch
sie mit Titeln zu vervollständigen
denn sie sind offen, frei, ein
Gesang der Liebe für Dich.

Verzaubert ist mein Sein
und kunterbuntes Lachen
segelt federleicht von mir zu Dir.
Und herzerwärmend Blicke
strahlen sonnengolden von Dir zu mir.
Und tief berührendes Empfinden
eint uns in Glückseligkeit.
Und Harmonie breitet
ihre blauen Schwingen aus
hüllt uns in sanft Geborgenheit.
Ein Du ein Ich,
ein heiles Wir,
erfüllt, umhüllt von lichter Lebenskraft,
genährt vom Atem reiner Gnade
leuchten wir im Jetzt.

Kleiner Freudenspender,
gefiederter Gesell.
Flügel winzig klein,
tragen federleicht
Dich durch der Lüfte Atemstrom.
Dein Lied aus freiem Herzen,
stets ein fröhlich Ton
in meinem wonnig lauschend Ohr.
Bist Du Verkünder mir
einer heilen Zeit,
ein Hoffnungsbote
glückerfüllten Seins.

Lachsfarbener Farbtupfer
auf grünschimmerndem Grund.
Düftespenderin
der Blumen edle Königin.
Erhabene Rose,
Deine Blüte geformt
aus der Göttin kostbarstem Licht,
verzauberst Du mein Sein,
veredelst den geliebten Garten mein
mit Deiner Pracht.

In Blutrot, in Purpur und
in sattem Blau,
erstrahlt der Fuchsie bezaubernd Kleid.
Berührend, verführend,
für der Sonne Kuss bereit,
schmückt sie in buntdurchlichtet Schönheit
des Gartens blütenreichen Raum.
Eine Prinzessin anmutsvoll,
so zierlich fein,
erschaffen um ein Quell der Freude,
ein leuchtend Stern
für meinen suchend Blick zu sein.

Und golddurchwirkter
Sternenschimmer
durchbricht das Dunkel
der mondlosen Nacht,
verzaubert den Blick,
erfüllt das Herz
mit Hoffnungsblüten mir,
mit der Milchstrasse
zartem Nebelglimmer
veredelt, versuesst er
meiner Seele traumvoll Schlaf.

Der Sonne feine Strahlenfinger
berühren sacht des
Teiches spiegelndes Gesicht.
Und goldne Lichterkinder
schweben frei von aller Erdenschwere,
liebkosen der sanften Wogen zarten Flaum,
erwählen Falter mitzutanzen
in ihrem gleißend Strahlentraum.
Und goldne Lichterkinder lachen,
wehen losgelöst in freiem Sein,
berühren zart
der Bäume lichtdurchwobne Kronen.
Erwählen Vöglein mitzusingen,
ihre kleinen Flügel hoch hinaufzuschwingen,
in den weiten, blauen Himmelsraum,
zu verschmelzen mit der
Schöpfung Schönheit heilen Traum.

In samtig Schwarz gekleidet
ist das erhabne Firmament,
bestickt, bestrahlt, veredelt
von Milliarden Sternenwesen.
Die funkelnde Welten
Muster formen,
galaktischen Manifestationen
der unbegreiflichen, allmächtigen
Schöpfung,
eingeflochten in
Universen der Unendlichkeit.

Und Freudetränen silberhell
benetzen zart die Wangen mir.
Und Freudelacher hüpfen wild,
durchs heftig pochend Herze mir.
Und Freudekickser purzeln,
bunt und ungestüm aus meinem lachend Mund.
Und Freudesterne tanzen,
hell und klar im Kreis herum
in meinem Augenpaar.
Und Freudewispern
gleitet edlen Samen gleich
von meinen rosig Lippen,
schweben hin zu dir mein Herz,
Dich zu berühren, zu erquicken
Dich zu umwerben,
Dich zu lieben,
zu beschenken,
mit Dir in Freude Eins zu sein.

Des Sommerregens innig Duft
steigt sanft empor aus wilden Wiesen.
Berührt das Land
mit seinem Atemhauch,
erfrischt der Erdenmutter Angesicht
und alle ihre Wesen.
Bereinigt, löst und segnet auch.
Und all die Erdenkinder atmen ein,
und all die wundervolle Schöpfung
erwacht in neuer Frische,
Kraft und Schönheit
zu neuem wertvoll Sinn.
Und ich steh hier,
genieße, seh nur zu,
find Friede tief in mir,
und all das Leben,
Wachsen,
Sein,
erfährt Erlösung
gesegnet heilen Neubeginn.

Verzaubert tanzen meine Füsse
auf sonnenwarmem Sand
und meine Hände
malen Gesten
in den lauen Sommerwind.
Und meine Kleider wehen
bunten Drachen gleich
und meine Flügel öffnen sich,
tragen federleicht mich sanft empor.
Und meine Seelenträume schweben
sternengleich um mich herum.
So bin ich Zentrum,
Mittelpunkt des Seins,
bin mein kleines, großes Universum
als Erd- und Himmelskind
mit beiden Welten liebevoll vereint.

Und rosahelle Herzenswärme
vereint sich mit dem Blau der Klarheit.
Und das tiefe Rot der Liebe
mit dem Grün der Wahrheit.
Und das Hellorange der Muse Küsse
vermählt sich
mit dem Gelb des freien Willens.
Und das Himmelblau der Ehrlichkeit
mit dem reinen Weiß der Heilung.
Regenbogenfarbenströme
fließen klar und rein,
belebend,
freudvoll inspirierend
durch unser menschlich Sein.
Erweckend, nährend,
tief belohnend,
jene die bereit,
jene deren Herzen offen,
für die Wunder dieser Zeit.

Für Sophie Aurelia

Und Deine Augen liebes Kind
erstrahlen glückerfüllt
Dein Lachen frei,
so voll der Herzlichkeit.
Deine Seele unbefleckt
fürs Lebensspiel bereit.
Dein Wachsen einem Wunder gleich.
Dein Herz voll bunter Lichter,
Träumen, Hoffnung, Sinn,
mein Kind Du bist mein Himmelreich.
Zu mir gesandt mich zu erwecken,
mein wahres Ich mit Dir so völlig neu
wieder zu entdecken.
Du bist mein Licht, mein Quell,
mein lebendig Spiegelselbst.
Du bist die Lichtessenz
der absichtslosen Liebeskraft,
die mich gar tief berührt
in unserem Leben freudehell,
sagenhafte Wunder schafft.
Du bist mein Herz im Außen,
mein zutiefst berührt,
erwacht und wahrhaftig sein.
Darum mein Herzenskind ,
hüll ich Dich so tief empfunden
in mein beschützend Geben ein.
Du bist der Liebe reines Herz
gekommen mir zum Segen.

Und Lachtränenbällchen
kugeln aus meinem Herzensraum
mitten hinein ins Leben.
Wandeln sich zu kunterbunten Blüten der Freude,
zu Lichtdrachen der Hoffnung.
Schweben, trudeln,
lebenshungrig in die Herzen,
die Seelen der Menschen.
Erwecken die Traumsamen,
die Visionen des Heils,
die strahlenden Regenbogenbrücken
der Glückseligkeit.
Und die Wesen erwachen,
in heile Lebendigkeit,
in sinnerfülltes Sein.
Und Lachtränenbällchen
hüpfen aus meinem Herzensraum
emsig hinein ins pralle Leben.
Tanzen freudetrunken mit Faltern der Schönheit,
mit Inspirationswogenfunkeln,
singen mit den Weisen der Liebe,
den Worten der Zuversicht.
Verschmelzen tief berührt mit Lichtspiralen
Alleinigen, wahrhaftigen Seins.

Herztränentröpfeln
Traumtänzervisionen
Hoffnungssehnenschöpfen
Seelenblütennektarpollen
Friedenskristallschimmer
Sehnsuchtsheiler Träumer
Golddurchwirkter Herzensglimmer
Göttinnenerwachensschaum
Liebeswogenrauschen
Weisheitsschwingengleiten
Zärtlichkeitswölkchentauschen
Zuversichtserweckungsweisen
Lichtkinderreimesinger
Treueschwürebinden
Himmelswolkentürmespringen
Rosenzarteblütenwinden
Heilepakteschmieder
Engelsherzenschörehörer
Mantraliedersingenwieder
Liebe und Vergebungschwörer
Mensch und Engels Seelenlichter
Alles aus dem Herzen Sprecher.

Und goldne Falter schweben
über regennassen Grund,
ihre Flügel schimmernd
gleich Diamantenstoff.
Lebenstrunken
küssen sie Blüte um Blüte,
stillen ihren Durst,
auf der Blätter klaren Tropfenzier.
Und goldne Falter
flattern hoffnungsfroh,
getragen vom Atemhauch des Windes,
berühren mit ihren seidenfeinen Flügeln
das Herz in jedem Kinde.
Und goldne Falter
ruhen hoheitsvoll
auf der Rose pfirsichhellem Grund,
atmen freies Leben ein und aus,
verheißungsvolle Boten,
Leuchtwesen der Wandlung,
künden sie uns von
Erlösung, Heil und Frieden
zu jener kostbar Sonnenstund.

Und leichtfüßig verspielten Welpen gleich,
laufen, springen, hüpfen sie
den blumenübersäten Hügel hinab.
Ihr Lachen weht froh,
so frei im Wind.
Bunte Drachen der Fröhlichkeit,
die schweben, trudeln und rutschen
und sie lassen sich fallen
hinein
in die duftende Vielfalt der Gräser und Blüten.
Geborgen in Kräuterbetten,
der Natur verschnaufen sie
prustend und kichernd,
die Köpfe voll wilder Ideen,
Sehnsüchten und Wünschen
ihre Kinderherzen aufgeregt,
tönen heiter in ihren Ohren.
Und Sinn und Unsinn
tanzen den Reigen glückvoller Lebendigkeit,
ungetrübten Frohsinns
der Kindheit reiner Unschuld.

In allen Farben
schimmernde und funkelnde
Gefühlsbälle kugeln durch mein Herz,
durch meinen Sinn,
färben meine Liebe Rosarot
und mein Wollen Blau.
Meine Sehnsucht Frühlingsgrün
und meine Ängste Silbergrau.
Sie kleiden meine Hoffnung
in edles Indigo
und meine Treue in Platin.
Sie schmücken mein Mitgefühl
mit strahlendem Orange
und mein Geben mit heller Malve.
Sie erfüllen meines Herzens Räume
mit Regenbogenlicht.
Und jede Farbe singt und spricht
ein Lied, ein herrliches Gedicht.
So füllen sich die Hallen meiner Seele reich
mit Buntheit, Vielfalt, Licht und Klang
und meine Herzensträume wogen lebenstrunken
in prächtigem Farbenrausch
hinaus ins Sein.
Durch jede Pforte,
über alle Wege,
in jedes Herz,
erfüllen sie mit heiligem Gesang
dem liebetrunkenem Ja zu Leben.

Und rote Freude tanzt gar wild
aus meinem Herzen.
Und blaues Sehnen malt
ein heiles Stückchen Glück.
Und gelbes Wollen kreiert
sich neue Ziele.
Und grünhelle Achtsamkeit erkennt,
begreift gar vieles.
Und rosa Fühlen erfüllt
mein Sein mit Zärtlichkeit.
Und goldorange Segenslichter
krönen freudehell meines Lebens Meisterstück.
So tanz ich denn mit all den
bunten Schöpfungsquellen,
erfrische und erneuere mich darin,
nähre und durchlichte alle meine Zellen.
Neugeboren bin ich in der Fülle
heiler Gaben meines Licht Ich bin.
Darf Mensch und Seele,
Kind und Hohes Selbst,
gar freudvoll damit laben.

Und golddurchwirkter Sternenschimmer
durchbricht das Dunkel
der mondlosen Nacht,
verzaubert den Blick,
erfüllt mein Herz
mit goldnen Hoffnungsblüten.
Umhüllt von der Milchstrasse
zartem Nebelglimmer,
erwache ich aus tiefem Traum
und atme ein der Wirklichkeit heile Essenz.
Bin freies Selbst und Lichterbote
hier auf Erden.

Das goldgesprenkelte Lapis deiner Augen,
hüpft und trällert,
jubelt und kugelt,
lebensfreudevoll
das krumme Kopfsteinpflaster
der verlassenen Gasse entlang.
Schwingt sich über Zäune
und durch blumenschwangere Gärten,
vorbei an spielend Kindern
und schlafenden Matronen.
Über krumme Autodächer
und grünleuchtende Kastanienkronen,
voll der Begeisterung,
direkt vor meine Füße.
Behutsam hebe ich es hoch,
ein Schauer liebkost meine Hände,
mein ganzes Wesen.
Und in Achtsamkeit berge ich es
in meinem Herzen.
Mein Sein, so innig verbunden mit Dir.

Weit so weit
werfe ich es hinaus,
hinein in die Weiten der Welt.
Weit so weit
rufe ich es hinaus,
über die Hügel der Zeit.
Weit so weit
fliegt es hinaus,
das Sehnen meines Herzens.
Weit so weit
weht es hinaus,
das Lied meiner Liebe
über Ozeane und Gebirge.
Weit so weit
breite ich sie aus,
die lichtvollen Flügel meiner Unsterblichkeit.
Und Stürme der Ewigkeit tragen mich,
weit so weit über Länder und Reiche,
heim zu Dir.

Zitronensüsse Rosendüfte
umfangen mit Heiterkeit
das Herz des Suchenden.
Und der Kräuter herber Zauber
erfüllt sein Wesen mit Heil.
Und der Sonnenstrahlen goldnes Kosen,
gebiert Geborgensein
im Innern seiner Seele.
Und der Einigkeit Lied
verströmt Essenzen,
wahren sich Begegnens
wo Mensch und Geist Eins sind,
in der Umarmung der Liebe.
Und das Selbst gesundet.

Tiefrote, Hellblaue
Orangegoldene und Zitronengelbe
Gefühlswölkchen
purzeln übermütig über den heißen Sand.
Amüsiert stolpere ich hinterher,
begierig sie zu erhaschen.
Muschelschalen und die Gischt des Ozeans
unter meinen lebenshungrigen Füssen
tragen mich vorwärts.
Eine Gefühlswölkchenjägerin bin ich,
gewillt sie mir alle einzuverleiben,
das tiefrot der Freude
genauso wie das hellblau der Leichtigkeit.
Das orangegold der Kreativität,
sowie das zitronengelb der Verwirklichung.
Mit lachendem Herzen
tanze ich mit ihnen über den Strand,
schwebe hinein ins lockende Meer,
umschwirrt, umhüllt, erfüllt und genährt
von meinen buntschimmernden Wölkchen.
Mit ihrer Besonderheit,
ihrem Lachen der Unbeschwertheit ihrer Natur,
beschenken sie mich reich,
statten sie mich aus.
Bereit bin ich fürs freies Leben
und freudvoll vereint
führt die Reise uns in die Erfüllung.

Orangerote Herzensballons
steigen tanzend, schwingend, trällernd,
höher und höher empor.
Schweben hinein in die Weiten des Himmels.
Flammende, strahlende, tanzende Punkte
vor dem Blau der Unendlichkeit.
Liebevoll haftet mein Blick
auf ihrem knalligen Bunt,
bittend mein Herz
die Botschaft hinauszutragen ins Leben,
hin zu dir, mein Lieb.
Orangerote Herzensballons
wehen über das Firmament.
Durch Nacht und Tag,
Abend und Morgen,
weiter immer weiter,
hin zu Dir,
mein Herz, mein Sehnen.
Suchend tasten Deine Blicke
über den Morgenhimmel,
sehnsuchtsvoll Dein Wesen
dürstend nach einem Zeichen.
Und Du erkennst sie.
Orangerote Bälle leuchtend im rosa Morgenlicht.
Freudig breitest Du Deine Arme aus,
heißt sie willkommen ,
lädst sie ein in Dein Herz
und Deine Lippen wispern zärtlich
„Willkommen Zuhaus".

Frei so frei,
jubelt, tanzt und singt es in mir,
ruft, malt und formt es um mich herum.
Frei, so frei,
tönt meiner Seele Lied
mit dem Sturm auf den Wellen am Meer.
Frei, so frei,
lacht, weht
und wirbelt es erlösend in mir,
befreiend um mich.
Frei, so frei
klingt und schwingt es in meines Herzens Raum,
in meines Geistes Gärten.
Frei so frei
gestillt ist des Wollens Hunger
tief in mir.

Blau wie der Ozean,
traumvoll, so tief.
Blau wie des Himmels Kuppel,
unendlich, so weit.
Blau wie der Glockenblume Blüte,
sich wiegend so zart.
Tiefblau wie der Heidelbeere Frucht,
labend ihr heilvoll Geschmack.
Blau wie der spielend Mädchen,
Kornblumenkranz im geflochteten Haar,
sich wiegend, drehend,
so glücklich im Tanz.
Blau wie Deiner Augen aufrichtiger Grund,
bezaubernd, berührend,
mich liebreich umfangend,
mit Anmut verführend.
Blau wie der Treue unverbrüchliches Band,
beschützend, lenkend,
unseren Herzen Geborgenheit
und Vertrauen schenkend.

Ein Rot prallen Lebens,
ein Gelbgold der Sonne ewigen Scheins,
ein Grün satter Wiesen
gekrönt von der Schmetterlinge
lebensfreudigem, buntgestaltetem Tanz.
Ein Blau gleich dem Eise,
sattdunkler als der Ozean.
Ein silbriges Wogen,
ein Lächeln der Mutter,
Milchweisse Geborgenheit
des Mondes unvergänglicher Glanz.

Lichtreines Leben,
herzensweises Geben.
Sinnhaftes Wollen,
verantwortungsreiches Sollen.
Gebend in Liebe,
verstehend so tief,
bereit zu erwachen,
das Leben mich rief.
Bereit zu entfalten
das ewige Sein,
zu erblühen,
zu strahlen,
als lichtreiches ICH BIN in mir alleins.

Im Strömen des Regens
im Wogen des Windes.
Im Rauschen der Bäume
im Lachen des Kindes.
Im Strahlen der Sonne,
im Glitzern der Berge,
im Leben voll Wonne,
im Ruhen der Herde.
Im Wachsen der Wesen,
im freien Sein,
im Abschied Gewesenes,
im silbernen Sternenschein.
Da find ich mich wieder
bei Tag und bei Nacht.
Da spür ich das Leben
im Herzen ganz wach.
Da atme ich Freude und Friede so still,
da tanzt meine Seele,
glücklich und frei
in heilem ICH will.

Buntschillernde Seifenblasenträume
schweben still im Abendhauch,
tragen sanft empor
mein Hoffen und Sehnen,
meine Liebe auch.
Sternschnuppenwünsche
fallen funkelnd durch die samtschwarze Nacht,
küssen zart die Wange mir,
die Stirn so sacht.
Milchstrassenwogenwellen
vergießen ihr perlmuttfarbenes Licht,
umfangen mit Zärtlichkeit
mein verzaubert Gesicht.
Mondlichtstrahlenfinger
erhellen silbern funkelnd den Weg,
weisen still die Richtung mir.
Vertrauensvoll folg ich den Zeichen nach
und find im Morgensonnenlicht
frei, gestärkt mich wieder,
auf meinen Lippen
neue heilvolle Lieder.

Kleine Gesellen,
zwitschernd, trällernd,
des Lebens so froh,
erobern die Gärten,
der Bäume beschützendes Grün.
Hüpfen auf Zäune,
jonglieren Rosenbögen hinauf.
Flügelschlagend,
Geschichten erzählend,
teilend mit ihresgleichen
jede Nahrungsquelle.
Von Dankbarkeit erfüllt,
von Leichtigkeit getragen,
erobern sie mit Freude mein Herz.

Du bist so rein,
so voll der Liebe.
Du bist so frei,
der Unschuld heiles Kind.
Du bist in Treue
dem Leben tief verbunden,
wachse, reife,
sei frei wie der Wind.
Lass Dich tragen,
von des Zieles lebensfrohem Strom,
vernimm in Dir
Deines edlen Kinderherzens Ton
und lebe Deine bunten Lieder.

Goldne Punkte,
flirrend, schimmernd,
getragen von Löwenzahnsamenseglern
irrlichtern sie über dem spiegelnden Grund
des ruhenden Sees.
Kleine Feenwesen verheißungsvoll,
lichte Geschöpfe
der anderen Welten,
verstreuen sich funkelnd
hinein in mein Sein.
Zu erwecken, zu erinnern, tief zu berühren.

Der Liebe purpurrotes Herz
entfaltet Flügel elfengleich,
steigt auf,
ja hoch so hoch,
gar höher als das Himmelsreich.
Verströmt ihr Licht so hell und rein,
des Mondes Silberatem gleich,
webt Netze es gar zauberfein.
Weist so der gütigen Seele Traum,
den Weg nach Haus,
den Sternenpfad
des Werden und Vergehens,
zurück zur Quelle
im Seelenlotushain.

Und
Elfenwesen tanzen
in der Göttin Blütenhain.
Entfalten Freude, Lachen
einfach Sein.
Verströmen Zauberfeenstaub
den gütgen Wesen tief ins Herz hinein.
Berühren und erinnern
die herzoffnen Kinder dieser Welt
an Sinn und Wahrheit,
an Hoffnung,
Liebe,
an ihren Auftrag
wahrhaftig Liebende zu sein.

Des Abends warmer Hauch
küsst liebevoll die Lider mir,
betört mein Sein mit seinem Duft.
Und Vogelklang
voll freudeschwangren Liedern
erfüllt mein Herz,
das Leben innig nach mir ruft.
Ich atme ein die Süße,
bejahe still das pure wahre Geben,
das mich in Absichtslosigkeit
gar üppig nährt.
Ich danke tief berührt
den Wundern der Natur,
bin hier und heut
der Schönheit Vielfalt
in Lieb und Wonne
hingegeben.

So still der Wald in seiner Ruh,
verzaubernd rein
sein duftend Atemhauch
und Mutter Mondins Silberstrahlen
tanzen über Moos und Stein,
liebkosen sanft der
Bäume Herzen auch.
Sie seufzen auf in tiefem Schlaf
und ihre Träume wehen
auf Zauberflügeln schimmernd fein
in Dörfer, Städte, Räume,
berühren ruhend Seelen zart.
Verschmelzen mit der Gütgen Sinn
und weben neues Leben.
Sind Achtsamkeit und Weisheit,
der Liebe tief Verstehen.

Im reinen Glitzerflaum des Morgentaus
erkennst Du sie,
der Elfen liebliche Gesichter.
Von Anmut still verklärt,
erhellt von goldnen Sonnenlichtern,
erzählen sie von alten Weisen, Mären,
von tapferen, mutigen,
von Sinn und Heil,
erfüllten menschlichen Gefährten.
Vom Lauf der Dinge,
den göttlichen Gesetzen,
von der Seelen Groß Erwachen,
dem Sinn, dem Ziel und magischem Vergessen.
Sie erzählen Dir vom Ursprung der Zeit
und von verlorenen Kräften.
Sie wissen von der der Welten Trennung,
von letzten tränenreichen Küssen.
Sie erwecken, erinnern, berühren,
führen in vergessene Reiche,
zu Orten all des heilen Wissens
in gotterschaffene Bereiche.
Sie öffnen Deine lichten Quellen
mit zierlich Zauberhand,
vereinen ihre magisch Kräfte
mit Deiner reinen Seele und gemeinsam
geht ihr Hand in Hand
verzaubert Welten, Wesen,
erfüllt all jene mit der Liebe Heilkraft
die leidend und vergessen.
Zusammen seid ihr Lichtgeschwister
des Himmels und der Erde,
auf das es in und um uns alle
aufs neue Heile werde.

Und Lachen
hüpft aus ihrem überströmend Herzen,
trällert über buntschimmernde Blütenköpfe
wiegend im Windhauch,
rollt mit den Kieseln im Bache,
atmet heilvolle Kühle
und zerbirst
im heißen Atem der Sommersonne
zu tausenden fröhlichen Tönen.
Zitternd, bebend, leuchtend
schwingt der Klang seiner Flöte empor,
vermählt sich mit ihrer Lebendigkeit,
weht tanzend über die wärmetrunkenen Wiesen,
verschmilzt mit den grünen Schatten des Waldes,
findet Heimat in der Stille,
eint ihre Herzen in der Schöpfung Schönheit,
in der Liebe allheilenden Macht.

Und regenbogenfarbne Tropfen fallen
auf die durstge Erde nieder,
in Rot, Orange und Sonnengelb,
in Grün und strahlend Himmelblau,
in sattem Lapis und in Amethyst.
Ein jeder trägt den Sinn in sich
reine Seelen reich zu laben.
Das Rot der Urvertrauenskraft,
das Orange des heil Erschaffens,
das Sonnengelb der Selbstbestimmten Macht,
das Frühlingsrün des innig Liebens,
das helle Blau der Toleranz.
Des Lapis tief Erkennens,
des Amethystes Gnadenkraft
und heilvollem Vergebens.
Vereint zu Strömen heiliger Essenzen
veredeln sie die Erde,
berühren Herzen, Seelen zart,
erwecken all die Berufenen
zu lichtvoll heilem Wirken,
zu erretten diese Welt mit gottgesandten Kräften.
Und Regenbogenlichter strömen,
benetzen zart der Erde Angesicht.
Und Engelschöre tönen,
verkünden all den Hoffenden
den Beginn der Neuen Zeit.

Sonnenstrahlspiralenkinder
toben hitzetrunken über Stein und Sand,
verwandeln Wellenkronen
mit lieblich Zauberhand
in goldne Liquidwogen,
die rhythmisch sich in vollendet Harmonie
am felsig Ufer brechen.
Und schaumgekrönte Wesen
zechen hungrig zwischen Land und Meer,
im steten Wogen her und hin,
eingewoben in schöpfunggebärende Melodien,
erstarkt des Lebens reine Energie
und alles Sein verankert sich im Jetzt.
Fragt niemals
nach dem wo
und wann
und wie.

Der Erdenwinde Bräute
tanzen freudewild
und ihre Schleier wogen
weißen Fahnen gleich.
Die geflochten Strähnen
peitschend in der Stürme Kraft
und ihr helles Lachen tönt,
erweckend Klang der Liebe.
Verwoben sind die Leiber zart
in langen Spitzenkleidern
und Herzen schlagen donnergleich
die Wonne zu verkünden.
Geboren ist der Lüfte Traum,
von satterfülltem Leben,
von Miteinander,
Einigkeit
und tiefem
herzensreichen Geben.

Und
silberholde Feen tanzen
federleicht im Mondenschein
und ihre zarten Füße pflanzen
der Hoffnung lichtvoll Samen ein.
Verströmen ihre heilvoll Macht
auf allen Menschenwegen
erinnern uns an wahre Werte
der Liebe reichen Segen.
Und Hoffnungsblüten wachsen
erblühen und entfalten sich,
schmücken, verwandeln
der Erde edles Angesicht.
Zum Segen der Wesen als heilvoll Licht,
in all den Herzen die bereit sind
zu erkennen, zu vergeben
und des Vertrauens stille Macht
uns alle lässt genesen.

Hellrosa seidenfeine Blütenköpfe
wiegen sachte sich
im Atemhauch des Sommerwindes.
Süßwarme Düfte
verführen, berühren ,
frei wie ein Kind
empfinde ich mich.
Und ätherisch zarte Falter
schweben hierhin und dahin
und in die Weite davon.
Und emsige Wesen
sirren und summen,
sie sammeln und brummen,
in Einklang mit allem ihr liebreicher Ton.
Voll Staunen ruh im Grase ich
umwogt, berührt,
und tief bewegt
von all dem bunten herrlich Leben,
das erschafft und vergeht,
das voll der Bejahung,
voll der Freude,
dem Sinn,
ob der unumstößlichen Wahrheit.
Es atmet!
Es lebt!
Ich bin!

Und der Sonne Strahlenbündel
rollen goldne Spuren prägend
über Dörfer, Felder, Wege.
Erhellen zart der Blüten Pracht
auf duftend grünen Wiesen,
der Elfen Reigen in den Wäldern.
Sie zieren fein mit lichten Fresken
der Seen ruhende Gestade
und malen Bilder, Formen, Gesten
in dunkle Tiefen,
vergessne Räume.
Berühren liebreich Wesen,
Kinder, Seelen,
die da rufen, lachen
und die Sonne preisen
im freudetrunknen Taumel,
im lebensfrohen Lichtgelage.

Und Sterne tanzen heile Pracht
am samtblauen Himmel
der Neumondnacht.
Goldsilberne Punkte der Unendlichkeit,
zwischen uns Lichtjahre der Ewigkeit.
Und doch sind wir eins,
verbunden im Atem der Göttlichkeit.
Wesen einer höheren Einheit,
geformt aus Sternenstaub.
Lichtsamen einer magischen Schöpfung,
die erschafft und gebiert.
Galaxien, Planeten, Wesen
und uns Menschenkinder doch auch.
Eingebunden in den urgöttlichen Plan
sind wir Lichtkeime der Liebe,
berufen authentisch zu sein,
zu leben, zu lieben, zu achten
uns Selbst
und jedes kleinste Sein.

Und der Freude heiles Sein
hüpft und trällert
über bunte Blumenwiesen.
Plantscht und taucht
im See der Stille,
atmet Frische
im Wald des Friedens ein.
Und der Freude heiles Sein
zwitschert, schwebt
durchlichtet meine Träume,
erinnert mich an wahrhaft leben
frei und freigegeben sein.

Und Gedankenseifenblasen
sausen kreuzt und quer durch meinen Kopf,
schlagen Purzelbäume, drehen Salti
tupfen Pinsel in den Seelenfarbentopf.
Malen helle Träume mein
manch kunterbunte Sehnsuchtsbilder
fröhlich in mein Herz hinein.
Hauchen innige Lebendigkeit
in jede geistige Vision,
färben ein mit Rot und Gold
meiner Seele Lichtmission.
Und Gedankenseifenblasen
sausen durch mein Sein,
legen Farben hell und froh
in jede meiner Zellen rein.
Ich atme Grün und Gelb und Himmelblau,
ich lebe Tieforange und Silbergrau
ich atme Rosa aus und reines Weiß.
Ein Gemälde purer Lebenskräfte,
bunte Quelle kreativer Schaffensmächte,
so licht mein Leben farbenreich,
so bunt mein Denken,
Facettenschliffen gleich.
Ich bin die Leinwand Gottes
und all die Pinsel mein erschaffen stetig neu,
mein heiles Reich im Garten meiner Fantasie.
Unerschöpflich, unversiegbar
immer wieder neu,
ein Ende gibt es nie.

Die silbergrauen Augen geschlossen,
die Arme beschützend um ihren
anmutigen Körper geschlungen,
schwebt sie auf Zehenspitzen
durch den Raum.
Getragen vom magischen Klang
der vertrauten Melodie,
verzaubert von der Töne Wahrheit,
geküsst von ihrer lebendigen Süße und Wehmut,
wiegt sie sich wie im Traum schwerelos,
ein Kind der Hoffnung
geborgen im Atemstrom puren Seins.
Und die Zeit hält inne,
bewahrt die Erinnerung an ihn,
kostbares Sehnen,
inniges Empfinden
ihre Seele, ihr Wesen
und er der Geliebte,
sind in diesem kostbaren Augenblick
in dem die Welten sich berühren
von neuem Eins.

Und zarte Klänge hauchen
durch die traumlos Nebelnacht.
Melodien der Feen,
tanzend mit der Göttin Macht.
Im Hain des Silberteichs,
am Rande der Grenze zum anderen Reich.
Das vergessen von so Vielen,
doch am Wirken im Geheimen
um Mensch und Erde und alle Wesen
in Liebe wieder zu vereinen.
Und zarte Klänge wehen
durch den träumend Buchenwald
verzaubern sanft mit ihren Weisen
der Bäume Seelen gütig, edel, so uralt.
Und Wonneseufzer wirbeln
durch die magisch Vollmondnacht,
erzählen uns von den Wundern
die vollzogen,
von der Heilung die vollbracht.
Und zarte Klänge hauchen
durch die traumlos Nebelnacht,
Melodien der Feen,
tanzend mit der Göttin Macht.
Erweckend tief der Seelen lichtvoll Kraft,
zu erschaffen heil der Liebe Raum
hier und jetzt in unserm Erdentraum.

Und der zarten Rose samtig Knospe
tanzt aufgeregt im Wind,
ihr rosa Kleid,
es wippt und hüpft und schwingt.
Von Sonnenstrahlenkindern wach geküsst,
von Bienenwesen sanft berührt.
Ihre Schönheit offenbart
uns heilen Wert und Sinn,
des Lebens steten Neubeginn.
Wo eins fürs andre steht,
der Welten steter Lauf
erschafft, verweht.
Doch aus dem Werden und Vergehen
der Schöpfung heile Macht,
beständig neu um Neues schafft.
Und der zarten Rose Kopf
tanzt hingegeben an ihr Sein,
vermählt sich mit dem Strom des Windes,
ein buntes Kind der Erde kostbar Sinn,
ein leuchtend Juwel des Lebens Vielfalt
des Erblühens Licht Ich bin.

Und Träume weben Wunder fein,
vernetzen Fäden meiner Fantasie
zu gelebter Harmonie.
Und Träume schaffen Hoffnung mir,
verschmelzen Ziele meiner
Geisteskraft zu einer Macht
die alles schafft.
Und Träume wirken zauberreich,
verbinden Farbenströme
mit meiner Seele heilvoll Töne
und mit all dem Hoffen, Wollen, Ahnen,
den sinnerfüllten Herzensplänen.
Und in all dem lichtvoll Wirken
erschaffen all die Träume mein,
Regenbögen meiner Hoffnungstränen
verbinden meine Wirklichkeiten
in Innigkeit
mit meines Herzens machtvoll Sehnen.

Und Träume bunt und prall
kugeln über Blumenwiesen,
begrüßen Blüten, Gräser, Bienen
und noch viele andre Wesen.
Und Träume schweben hoffnungsfroh
hinauf zum Himmelszelt,
begrüßen Vögel, Wind und Sonne
mit der Hoffnung laut Hallo.
Und Träume tauchen prustend unter
tummeln sich im Wasser munter,
begrüßen Fisch und Robe,
Tang und Welle,
verschmelzen mit des Meeres Helle.
Und Träume springen lebensfroh
in weit geöffnet Herzen,
begrüßen dort der Liebe Treue,
der Hoffnung Licht,
des Mitgefühles Geben.
Und Träume
einen Mensch und Seele
tragen federleicht
sie sanft empor ins magisch Licht.
Und Träume heilen,
malen Leben schön.
Und Träume schaffen Welten neu.
Drum gib Dich frei und Träume bunt
mein Herz, so bunt!

Rote Herzen, kleine Herzen.
Blaue Herzen große Herzen.
Gelbe Herzen, sehnend Herzen.
Grüne Herzen, weite Herzen.
Orange Herzen, tanzend Herzen.
Weiße Herzen, treue Herzen.
Rosa Herzen, liebend Herzen.
Braune Herzen, fleißig Herzen.
Purpur Herzen, singend Herzen.
Cremweiss Herzen, vertrauend Herzen.
Malvenherzen, gebend Herzen.
Helle Herzen, erblühend Herzen.
Leuchtend Herzen, erschaffend Herzen.
Lila Herzen, vergebend Herzen.
Hellblau Herzen, verstehend Herzen.
Lichtgrün Herzen, wachsend Herzen.
Apricotherzen, duftend Herzen.
Elfenbein Herzen, geborgen Herzen.
Lapis Herzen, befreite Herzen.
Violette Herzen, weise Herzen.

Kurzvita

„Fabijenna Lord"
Brigitta Manuela Baumann
Künstlerin & Channel & Visionärin
Herzenspoetin & Weltenkind

Ich vermittle kreative Selbsterfahrung und -entfaltung
durch Kosmobiologie, systemische Ordnungen,
Lichtcoaching und Malerei.
Meine Hingabe an das Leben fasse ich in Worte in
Form von Gedichten und heilvollen,
sinnhaften Geschichten und Märchen.
Meine Herz schlägt für die Natur und ihre Wesen
und für die Unterstützung von Menschen
in schwierigen Lebenssituationen.
Mein Anliegen ist es stets das Heilvolle, das Gute, das
Stärkende zu finden,
dies kommt auch in meinen Geschichten
und Gedichten zum Ausdruck, denn alles hat seinen
Sinn, auch wenn es uns noch so schmerzt.
Das Leben sollte uns nicht zerbrechen sondern reifen und
erblühen lassen.

Gedichtbände & Bücher
von Brigitta Manuela Baumann

Lieder der Seele
ISBN: 9783839155202

Kinder des Lichtes I
spirituelle Gedichte
Erinnerungen für die Seele
ISBN: 9783839193068

Erwachen
spirituelle Gedichte - Wegweiser der Neuen Zeit
ISBN: 978383918516

Zauber der Natur - Wunder der Schöpfung
Fotogedichtband
ISBN: 9783839189306

Der Welten Wunder schaun
Fotogedichtband
ISBN: 9783842306615

Vom Wunder der Liebe
Liebeslyrik
ISBN: 9783842325111

Lebenswege
Poesie über die Vielfalt des Lebens
ISBN: 9783752817126

Frühling ists wieder
Oden an den Frühling
ISBN: 9783842355705

Von Feen, Elfen, Hüterwesen
Gedichte aus den anderen Welten
ISBN: 9783842371040

Von Elfen, Träumen und Inneren Räumen
Gedichte für die Seele
ISBN: 9783844807219

ICH BIN Quellen des Lichtes
lichtvolle Geschenke aus dem Herzen
der Erzengel Gabriel & Raphael
Anwendungs- & Orakelbuch mit Kartendeck
ISBN: 9783839173442

Geschichten der Hoffnung
Seelenmärchen für die Erwachten
ISBN:9783848219483

Vom Leben
Wahre und wunderbare Geschichten die das Leben
schrieb
ISBN: 9783848220274